TOGE THÉÂTRE ÉDITEUR
Saguenay, QC, Canada
418-290-8018
www.togetheatre.com
togetheatre@gmail.com

Ce texte a été joué pour la première fois par les élèves de maternelle de l'école Sainte Bernadette de Chicoutimi en 2014. La classe comptait alors plusieurs enfants d'origine étrangère dont les prénoms étaient parfois difficiles à prononcer. Cette pièce de théâtre résulte d'une discussion menée avec les enfants sur la différence culturelle.

Texte : Sophie Torris
Année de création : 2014
Mise en page : TOGE
Impression : CreateSpace by Amazon

ISBN 978-2-924809-09-9 (br.)
ISBN 978-2-924809-11-2 (ePUB)
ISBN 978-2-924809-10-5 (PDF)

Dépôt légal : 2017
Bibliothèque nationale du Québec
Bibliothèque nationale du Canada

©Sophie Torris

Toute reproduction de cet ouvrage, même partielle, est interdite. Une licence de reproduction est obligatoire, au Québec avec Copibec, ou sur le site internet de l'éditeur. Les représentations publiques dans les écoles doivent être déclarées, et celles dans un cadre extrascolaire demande le consentement de l'auteur, puis une licence en bonne et due forme.

Tous droits réservés

Sophie Torris

Y'A PAS DE LÉZARD

Théâtre pour tout-petits

Droits d'auteur

NOTE IMPORTANTE
Pour présenter la pièce

Les droits d'auteur permettent la production d'œuvres originales à des prix compétitifs et soutiennent la création des écrivains.

Établissements scolaires du Québec
Vous êtes autorisés à utiliser le texte à des fins pédagogiques ou lors de répétitions dans un cadre scolaire. Cependant, si vous désirez présenter ce texte devant public, en totalité ou en partie, vous devez remplir un formulaire de *Déclaration de représentation* sur le site internet de la Société des Auteurs dramatiques (SOQAD). Grâce à une entente avec le Ministère de l'Éducation, aucun frais ne sera chargé à votre école, mais le formulaire permettra à l'auteur de toucher des droits. De plus, si vous désirez reproduire l'œuvre, vous devez le déclarer à l'organisme Copibec.

SOQAD : http://www.aqad.qc.ca/
COPIBEC : http://copibec.qc.ca

Organismes et compagnies privées, théâtre amateur, ou établissements scolaires hors-Québec
Vous n'êtes pas autorisés à présenter la pièce gratuitement devant public, ni à reproduire l'œuvre. Pour vous acquitter de ces droits, vous devez acheter une licence qui comprendra les droits de représentation et de reproduction. Cette licence est disponible sur le site internet de *Toge Théâtre*, sous la rubrique Droits d'auteur.
www.togetheatre.com

*Aux élèves de l'école
Sainte-Bernadette de Chicoutimi*

PERSONNAGES

Opossum 1

Opossum 2

Gros Minet

Kit Kat

Garfield

Le coq

La poule

Le poussin

Papa souris

Maman souris

Souris 1

Souris 2

L'Ornithorynque

La pièce met en scène 13 personnages, mais elle est divisée en six scènes. Les scènes 5 et 6 voient réapparaitre les opossums, la famille souris et les trois chats qui pourront être interprétés par 9 autres enfants. La pièce peut donc offrir jusqu'à 22 rôles possibles.

MISE EN SITUATION

La pièce se déroule dans une forêt lors d'un hiver assez rigoureux. Le décor peut être très simple. Il s'agit de tendre contre le mur un grand tissu noir et d'y épingler diverses silhouettes d'arbres que l'enseignant(e) aura découpé au préalable et sur lesquels, les enfants auront ajouté de la couleur (pour les résineux) ou collé des morceaux de papier journal pour faire office d'écorce (pour les bouleaux). On peut ensuite ajouter du coton blanc sur la cime des sapins et sur les branches des bouleaux pour représenter la neige.

Au centre de la scène, un bouleau dresse ses branches nues. Il s'agit, ici, pour figurer le tronc de cet arbre en 3D, de fixer, sur un socle, un long cylindre creux que les enfants peuvent recouvrir de morceaux de papier journal et à l'intérieur duquel sont glissées quelques branches naturelles qui apparaissent ainsi au sommet de ce tronc improvisé.

Côté cour, un panneau de signalisation indique le lieu. Glaceville est une possibilité, mais on peut également choisir d'y inscrire le nom d'une autre ville, fictive ou non, ou même le nom de votre école.

En guise de costumes et afin de minimiser les dépenses, les enfants portent tous une base noire (collants et teeshirts à manches longues). On y ajoute ensuite des accessoires pour typer les personnages.

Accessoires pour les souris, les opossums et les chats : serre-têtes sur lesquels sont fixées des oreilles découpées dans du carton puis peintes et cordelettes, rubans de couleur ou écharpes de fourrure accrochées à l'arrière du collant pour figurer la queue. Un maquillage peut différencier chaque animal. Les 12 alvéoles d'une boite d'œufs découpées et peintes peuvent également faire office de museaux pour les différents animaux. Il suffira d'y percer deux petits trous de chaque côté et y insérer du fil élastique pour qu'ils tiennent sur le nez des enfants.

Accessoires pour le coq et la poule : pour figurer une crête amusante, il suffit de remplir un petit gant magique rouge de bourrure et le coudre bien droit sur un bandeau de laine ou de coton rouge. Un boa de plumes noué autour du cou ou de la taille complète le tout.

Accessoires pour le poussin : un casque ou bonnet de bain en silicone ou en latex, peint en jaune, cache les cheveux de l'enfant. Un boa de plumes jaunes complète le costume.

Les opossums sont les cousins lointains des souris. Ils arrivent de Virginie avec leurs valises desquelles pendent des étiquettes de voyage colorées.

Les opossums ont la particularité de dormir la tête en bas, accrochés aux branches des arbres par leur queue. Pour les scènes 2, 3 et 4, deux silhouettes de rongeur en carton sont accrochées aux branches du bouleau central par la queue. Pour chaque silhouette en 2D et à la place de la tête de l'animal, un espace est troué pour laisser apparaitre le visage de l'enfant qui joue l'opossum endormi.

Il existe des banques gratuites de bruitages sur le net que l'on peut télécharger. L'ambiance sonore ajoute à la représentation. Le souffle d'un vent violent peut ajouter à l'impression de froid ambiant. Quant au gargouillis du ventre des opossums, c'est un son qui devient comique parce qu'il est répétitif.

« *Je me sers des animaux pour instruire les hommes* »
- Jean de La Fontaine

SCÈNE 1

C'est le début de l'hiver et la neige recouvre la forêt boréale canadienne. Au milieu des résineux se dresse un bouleau tout nu mais néanmoins majestueux. Deux opossums entrent et déposent, au pied du grand arbre, leurs valises étiquetées en Virginie. Ils semblent chercher leur chemin et ont l'air d'avoir très froid.

OPOSSUM 1
Je crois qu'on est arrivé.

OPOSSUM 2
Tu es sûr qu'on n'est pas monté trop au Nord ? Il fait un froid de canard ici.

OPOSSUM 1 *(se dirigeant vers un panneau de signalisation)*
C'est écrit Glaceville.

OPOSSUM 2 *(extirpant un papier de sous sa fourrure et le dépliant)*
Attends, je vérifie. Glaceville, c'est bien ça. On y est.

Silence. Soupirs. Les opossums attendent, scrutant l'horizon. Ils grelottent et tentent de se réchauffer en sautillant sur place et en frappant leurs pattes l'une contre l'autre.

OPOSSUM 2
Quel temps de chien ! Tu es sûr qu'on avait rendez-vous ici ? Y'a pas un chat !

OPOSSUM 1 *(criant, les pattes en porte-voix)*
Cousins... Cousins !

OPOSSUM 2 *(criant lui aussi)*
Cousins, êtes-vous dans le coin ?

Silence. Soupirs.

OPOSSUM 1
J'ai vraiment l'impression qu'ils nous ont posé un lapin.

Silence. On entend de tonitruants gargouillis d'estomac.

OPOSSUM 2 *(sursautant)*
C'était quoi ce bruit ? Tu as entendu ? On est peut-être en danger ! Oh, j'ai peur !

OPOSSUM 1 *(hilare)*
Quelle poule mouillée ! Ha ha ha ! C'est juste mon estomac !

Silence. L'estomac d'Opossum 2 se met lui aussi à faire des siennes.

OPOSSUM 2
Ben quoi ? Moi aussi, j'ai une faim de loup !

Silence. Les opossums baillent.

OPOSSUM 1
Je suis fatigué !

OPOSSUM 2
Crevé !

OPOSSUM 1
Moulu !

OPOSSUM 2
Fourbu !

OPOSSUM 1
Raplapla !

OPOSSUM 2
Flagada !

SCÈNE 2

Les deux opossums se sont endormis. On les devine, dans la pénombre, ils sont suspendus comme à leur habitude, la queue enroulée à la plus grosse branche du bouleau et la tête en bas. Ils ronflent. Entre Gros Minet, un chat dodu, en chasse et reniflant de ci, de là.

GROS MINET
Ça sent la chair fraîche ici ! Appelons un chat un chat, ça sent trop bon la souris ! *(Appelant ses comparses)* Hey Garfield ! Kit Kat ! Pssst ! Pssst ! Vous venez ?

KIT KAT *(entre en baillant, la démarche titubante)*
Ouais, ouais, on arrive. Wooo, minute papillon !

GARFIELD *(entre à son tour)*
Il fait drôlement noir ici !

GROS MINET
Évidemment, on est en pleine nuit ! Allez… Arrêtez de bailler aux corneilles et aidez-moi à trouver cette souris !

Les chats cherchent à tâtons et Garfield et Kit Kat attrapent Gros Minet.

GARFIELD
Je l'ai ! Une énorme souris ! (*Gros Minet se débat*) Oh la la, mais elle a mangé du lion cette souris.

KIT KAT
Elle est forte comme un bœuf !

GROS MINET *(excédé)*
Triple buse, vous êtes bêtes ou quoi ? C'est moi, Gros Minet !

GARFIELD
Oups ! Tu sais bien que dans le noir….

KIT KAT
… on est myopes comme des taupes !

GROS MINET
Et bien servez-vous de vos moustaches et reniflez ! Vous avez une cervelle de moineau ou quoi ?

Les chats reniflent jusqu'à ce que leurs trois museaux repèrent les opossums.

GARFIELD
J'ai trouvé !

KIT KAT
Moi aussi !

GROS MINET
Moi aussi

LES TROIS CHATS *(se pourléchant les babines)*
On va se régaler !

GARFIELD
En plus, elles roupillent.

KIT KAT
Trop fastoche pour les capturer !

GROS MINET *(perplexe)*
Mais qu'est-ce que c'est ? Y'a anguille sous roche !

KIT KAT *(étonné)*
Elles sont suspendues par leurs queues !

GARFIELD *(ébahi)*
C'est complètement fou ! Mais comment on fait pour les attraper ?

GROS MINET
Alors là, je donne ma langue au chat ! Si les souris deviennent rusées comme des renards, on n'a plus qu'à se mettre au régime !

GARFIELD *(coquet)*
J'ai toujours rêvé d'avoir une taille de guêpe !

Garfield et Kit Kat rient.

GROS MINET *(démoralisé)*
Vous êtes trop idiots tous les deux ! Bien je vous laisse avec votre appétit d'oiseau. Moi, j'ai d'autres chats à fouetter ! Je vais chasser ailleurs !

Gros Minet sort.

GARFIELD
Quel ours mal léché ce Gros Minet !

KIT KAT
Toujours à monter sur ses grands chevaux !

GARFIELD
Quand il a l'estomac vide, il est d'une humeur terrible !

KIT KAT
Il vaut mieux qu'on aille le rejoindre !

GARFIELD
T'as raison ! Revenons à nos moutons !

Les chats se heurtent aux opossums en sortant.

GARFIELD ET KIT KAT
Aïe ! Ouille ! C'est un vrai panier de crabes, cette histoire !

Ils sortent

SCÈNE 3

C'est le petit matin. Les deux opossums dorment toujours, suspendus à la branche du grand bouleau. Ils ronflent. Entre le coq, paniqué.

LE COQ
Oh la la, quelle heure est-il ? Sept heures ! Je ne me suis pas réveillé ! Tout le monde attend mon Cocori...

Il découvre les opossums et reste figé. Entre la poule et son poussin qui découvrent le coq immobile, le bec ouvert sans qu'aucun son n'en sorte.

LA POULE
Et bien que se passe-t-il mon chéri ? Tu as un chat dans la gorge ? Tout le monde t'attend pour se réveiller ! Youhou !

LE POUSSIN *(secouant son père)*
Papa ! Papa ! *(Au public)* Il est muet comme une carpe !

LA POULE *(perplexe)*
Mais voyons, quelle mouche le pique ? Il ne bouge plus du tout !

LE POUSSIN *(suppliant)*
Je peux maman, je peux ? S'il te plaît.

LA POULE
Et bien oui, il faut bien que quelqu'un réveille Glaceville !

LE POUSSIN *(se hissant, fier, sur ses petits ergots)*
Rocokiko ! Rocokiko !

LA POULE *(attendrie)*
C'était presque ça, mon poussin ! (*Le coq revient à lui*). En tous cas, tu as réussi à réveiller ton père !

LE POUSSIN
Je suis fier comme un coq !

LE COQ *(bafouillant et pointant les opossums)*
Re... re... regardez ! Comme c'est étrange ! Qu'est-ce que ça peut bien être ?

LA POULE *(déconcertée)*
Bizarre !

LE POUSSIN *(excité)*
Ah la vache ! Complètement fou ! Waaa !

LA POULE ET LE POUSSIN
On donne notre langue au chat !

LE COQ
J'ai une mémoire d'éléphant et je vous assure que je n'ai jamais rien vu de pareil !

LA POULE, LE POUSSIN ET LE COQ
Bizarre ! Ah la vache ! Complètement fou !

Ils sortent.

SCÈNE 4

Les opossums dorment toujours. Papa et maman Souris entrent et découvrent, heureux, leurs cousins.

PAPA SOURIS
Mais on dirait que nos cousins sont arrivés du Sud !

MAMAN SOURIS
Ils ont dû faire un long voyage. Ils dorment encore et il est midi !

PAPA SOURIS
Ça doit être le décalage horaire !

MAMAN SOURIS (*criant, les pattes en porte-voix*)
Les enfants, les cousins sont arrivés !

Deux petites souris entrent et, en découvrant les opossums, éclatent de rire.

PAPA SOURIS
Et bien, qu'est-ce que vous avez à rire comme des baleines ?

SOURIS 1 (*hilare*)
Ha ha ha ! Ils dorment la tête en bas !

SOURIS 2 *(moqueuse)*
Ils ont une araignée au plafond, les cousins !

Les deux petites souris rient de plus belle.

SOURIS 1
Ridicule !

SOURIS 2
Complètement stupide !

SOURIS 1 ET 2
Drôles de zèbres !

SOURIS 2
Ils vont avoir le visage rouge comme des écrevisses quand ils vont se réveiller !

PAPA SOURIS *(rouspétant)*
Les enfants, arrêtez de vous moquer !

SOURIS 1 *(malicieux)*
Ils n'entendent rien de toute façon. Ils dorment comme des loirs !

Les deux petites souris, espiègles, leur font des grimaces et s'esclaffent.

SOURIS 2
Qu'est-ce qu'il ne faut pas faire pour se faire remarquer !

SOURIS 1
Faire le singe pour épater la galerie sans doute !

MAMAN SOURIS
Mais pas du tout. Ce sont leurs coutumes.

PAPA SOURIS
Ils ont d'autres habitudes de vie, voilà tout !

SOURIS 1 ET 2
Dormir la tête en bas ! C'est nul !

MAMAN SOURIS
Les enfants, ce sont vos cousins, voyons. Vous êtes des vraies langues de vipère !

PAPA SOURIS
Arrêtez de leur chercher des poux !

MAMAN SOURIS
Et apprenez à les connaître en vous intéressant à leurs différences.

SCÈNE 5

Les opossums viennent de se réveiller. Descendus de leur branche, ils s'étirent.

OPOSSUM 1
Oh, quelle nuit ! J'ai repris du poil de la bête !

OPOSSUM 2
Moi aussi ! *(Grelottant)* Mais qu'est-ce qu'il fait froid ici. J'ai la chair de poule !

Le ventre des opossums se met à gargouiller furieusement.

OPOSSUM 1 ET 2
Et une faim de loup !

OPOSSUM 1
Un peu de gymnastique pour se réchauffer !

OPOSSUM 2 *(entrainant l'autre opossum dans une série de mouvements)*
Et 1, et 2 et 3 ! Et 1 et 2 et 3 !

Entre les deux jeunes souris. Elles observent les opossums de loin, un peu déroutés par leur gymnastique.

SOURIS 1
Ils sont réveillés. C'est quoi cette danse ?

SOURIS 2
Encore une coutume bizarre sans doute !

SOURIS 1
En tous cas, ils marchent sur leurs pattes comme nous.

SOURIS 2
Bon allez, je prends le taureau par les cornes, j'y vais !

SOURIS 2
T'as raison, on ne va pas continuer à faire la politique de l'autruche !

SOURIS 1 ET 2 *(timidement)*
Euh salut !

OPOSSUM 1 ET 2 *(enthousiastes)*
Hey salut, cousins !

Les opossums embrassent les souris, un peu surprises.

SOURIS 1
Wooo, on ne se connaît pas !

SOURIS 2
Un peu de distance s'il vous plaît !

SOURIS 1
On n'a pas gardé les cochons ensemble tout de même !

SOURIS 2 *(incommodé)*
Et puis, vous sentez un peu le fauve !

OPOSSUM 1
Bien... On sent l'opossum !

SOURIS 1 ET 2 *(perplexes)*
Pardon ?

OPOSSUM 2
Vous êtes des souris, vous sentez la souris. On est des opossums, on sent l'opossum !

SOURIS 1 ET 2
Des ospopoms ?

OPOSSUMS 1 ET 2
Non, des opossums.

SOURIS 1
Des possopoms ?

SOURIS 2
Des mospopoms ?

OPOSSUMS 1 ET 2 *(riant)*
Non, des o-po-ssums !

OPOSSUM 1
Pour vous, c'est un nom étranger.

OPOSSUM 2
C'est normal de ne pas arriver à le dire du premier coup !

OPOSSUMS 1 ET 2
Y'a pas d'lézard ! On ne vous en voudra pas !

Sur ces entrefaites, les parents souris entrent.

MAMAN SOURIS
Ha, mais je vois que vous avez fait connaissance.

SOURIS 1 ET 2
Ce sont des Ospopoms !

PAPA SOURIS
Des opossums.

SOURIS 1
Des pospopoms !

SOURIS 2
Des mospopoms !

Tous
Non, des o-po-sums !

Le ventre des opossums gargouille.

MAMAN SOURIS *(inquiète)*
Tous aux abris, je pense qu'il va y avoir un orage !

PAPA SOURIS *(narquois)*
Chérie, quelle bécasse tu fais ! C'est le ventre de nos cousins qui gargouille.

MAMAN SOURIS
Oh ! C'est encore moi le dindon de la farce !

Tous rient.

PAPA SOURIS *(enthousiaste)*
Et bien maintenant que nous sommes tous copains comme cochons, allons fêter ces retrouvailles !

MAMAN SOURIS
C'est une bonne idée ! Vous allez goûter à notre fromage en crottes !

OPOSSUMS 1 ET 2 *(ahuris)*
Du fromage en crottes !

PAPA SOURIS
C'est du cheddar en grains. Vous allez voir, c'est très bon !

MAMAN SOURIS
Et ça fait couich couich !

OPOSSUMS 1 ET 2
Couich, couich ?

SCÈNE 6

Kit kat et Garfield sont assis et grignotent du cèleri et des carottes tandis que Gros minet tourne en rond.

KIT KAT
Arrête de tourner comme un lion en cage !

GARFIELD
Ça me donne le tournis !

GROS MINET *(énervé)*
On est fait comme des rats ! Maintenant que toutes les souris dorment suspendus par la queue, plus moyen d'en attraper une !

KIT KAT
Les ospopoms ont de drôles de coutumes. N'empêche que l'union fait la force.

GARFIELD
Et oui ! En marchant main dans la main, souris et ospopoms sont devenus plus forts !

GROS MINET *(excédé)*
O-po-ssums ! Un jour, je me vengerai !

Le ventre de Gros minet gargouille.

GROS MINET
J'ai une faim de loup !

KIT KAT
Un p'tit céleri ?

GARFIELD
Une p'tite carotte ?

GROS MINET
Quand je mangerai de la verdure, les poules auront des dents !

GARFIELD ET KIT KAT
Ah quelle tête de mule celui-là !

Entre un ornithorynque portant une valise étiquetée en Australie.

L'ORNITHORYNQUE
Excusez-moi. Est-ce bien ici Glaceville ?

GROS MINET *(curieux)*
Euh, qui êtes-vous ?

GARFIELD *(surpris)*
Jamais vu dans le coin !

KIT KAT
Je crois que les canards attendent la visite de leur cousin.

L'ORNITHORYNQUE
Oui, c'est bien moi, l'ornithorynque !

LES TROIS CHATS *(perplexes)*
L'orni... quoi ?

SCÈNE FINALE

La pièce se clôture sur un rap qui réunit tous les animaux.

TOUS
Orignal, lagopède et wapiti, tous ces noms sont bien d'ici.
Opossum ou tarentule, aucun nom n'est ridicule !
Opossum et wapiti, vivons tous en harmonie.
Tarentule et orignal, l'amitié n'a pas d'égal !
Y'a pas d'lézard ! On est tous des oiseaux rares !

RIDEAU

Besoin d'un autre format
(PDF ou EPUB)
pour cet ouvrage ?

Vous voulez adapter la distribution pour le bon nombre de garçons et de filles ?

Contactez-nous en nous envoyant votre facture pour avoir un format différent GRATUITEMENT.

www.togetheatre.com
ou
togetheatre@gmail.com

ANNEXES

DISCUSSION PHILOSOPHIQUE SUR LE THÈME DU NOM ET DE L'IDENTITÉ

Avant de faire découvrir aux élèves la pièce *Y'a pas de lézard!*, une discussion à saveur philosophique peut être menée sur le thème de la pièce.

Voici un plan de discussion pour l'enseignant(e) qui peut aider la prise de parole enfantine et mener à une belle réflexion collective.

MON NOM

- À quoi ça sert d'avoir un nom?
- Aimes-tu ton nom? As-tu plusieurs noms?
- Qui t'a donné ton nom?
- Est-ce qu'il y a un nom que tu préfères à celui que tu as?
- Est-ce que tout le monde t'appelle de la même manière? Tes parents t'appellent-ils de la même manière que tes amis?
- Si tu n'avais pas de nom, est-ce que ça te ferait quelque chose?
- Si tu avais un nom différent, est-ce que tu serais une personne différente?

- Pourquoi les animaux ont-ils un nom?
- Pourquoi une souris s'appelle-t-elle une souris?
- Pourquoi une souris anglaise « mouse » ne s'appelle pas de la même manière qu'une souris espagnole « ratón »?
- Porterais-tu le même nom si tu habitais un autre pays?

LEXIQUE DES EXPRESSIONS ANIMALIÈRES DANS LE TEXTE

- Un froid de canard
- Un temps de chien
- Y'a pas un chat
- Se faire poser un lapin
- Une poule mouillée
- Une faim de loup
- Appeler un chat un chat
- Bailler aux corneilles
- Avoir mangé du lion
- Fort comme un bœuf
- Triple buse
- Myope comme une taupe
- Cervelle de moineau
- Avoir anguille sous roche
- Donner sa langue au chat
- Rusé comme un renard
- Une taille de guêpe

- Un appétit d'oiseau
- Avoir d'autres chats à fouetter
- Un ours mal lécher
- Revenir à ses moutons
- Un panier de crabe
- Un chat dans la gorge
- Muet comme une carpe
- Une mouche l'a piqué
- Fier comme un coq
- Ah la vache !
- Une mémoire d'éléphant
- Rire comme des baleines
- Avoir une araignée au plafond
- Drôle de zèbre
- Rouge comme une écrevisse
- Dormir comme un loir
- Faire le singe
- Langue de vipère
- Chercher des poux
- Reprendre du poil de la bête
- Avoir la chair de poule
- Une faim de loup

- Prendre le taureau par les cornes
- La politique de l'autruche
- On n'a pas gardé les cochons ensemble
- Sentir le fauve
- Y'a pas de lézard
- Le dindon de la farce
- Copains comme cochons
- Tourner comme un lion en cage
- Être faits comme des rats
- Quand les poules auront des dents
- Tête de mule

EXERCICES DE THÉÂTRE

POUR FAIRE CONNAISSANCE

Placer les élèves en cercle.

A fait un geste en disant son prénom, le reste du groupe répète en chœur le prénom et le geste initié par A. Le scénario se répète ainsi autant de fois qu'il y a d'enfants. On veillera à ce que chaque élève propose un geste différent de façon à ce que chaque partie du corps soit appréhendé pendant l'exercice.

POUR SE SENSIBILISER À L'ESPACE DRAMATIQUE

Utiliser du ruban adhésif de couleur pour délimiter sur le sol les différentes aires de jeu. Séparer tout d'abord l'espace « scène » de l'espace « public ». (*Il est important que l'enfant saisisse l'importance d'être toujours vu du public*). Identifier ensuite le côté cour et le côté jardin, ainsi que les coulisses (*C'est le seul espace où l'enfant peut quitter son rôle*). Enfin, identifier l'avant-scène et l'arrière-scène.

Les élèves se dispersent dans le local et à chaque fois que l'enseignant nomme une des aires de jeu, ils se déplacent dans la zone adéquate.

POUR RÉCHAUFFER SON CORPS

Les élèves se dispersent dans la classe et marchent tranquillement. Au signal sonore (sifflet ou tambourin), ils s'arrêtent et écoutent la consigne. L'enseignant nomme une émotion qui inspire une pause qu'ils doivent tenir, immobiles, pendant quelques instants. Il sera intéressant de leur faire prendre conscience de toute l'amplitude corporelle et des possibilités différentes de montrer une même émotion. L'exercice peut être fait par la moitié de la classe pendant que l'autre moitié observe. Évidemment, toutes les émotions sont prétextes à exploration.

POUR APPRIVOISER ET ÉCOUTER L'AUTRE

Placer les élèves deux par deux et face à face. A initie un mouvement au ralenti que B suit le plus simultanément possible comme s'il était le reflet d'un miroir. Puis, permuter les rôles.

Les élèves se dispersent dans la classe et au mot contact doivent se rapprocher en unissant les parties du corps sollicitées tout en continuant de marcher. Ex : Contact-mains, contact-épaules, contact-pieds, contact-têtes, contact-dos, contact-fesses, etc. L'exercice peut se faire en binôme mais on peut également demander des regroupements de 3, 4 élèves ou plus.

POUR RÉCHAUFFER SA VOIX

Le travail de la voix est complexe. Il s'agit d'apprendre aux élèves à articuler, à projeter et à mettre de l'intonation.

POUR L'ARTICULATION

On peut avoir recours à tous un tas de vire-langues que l'on trouvera aisément sur le net. En voici quelques-uns :

- La grosse cloche sonne
- Papier, panier, piano
- Cinq chiens chassent six chats
- Douze douches douces
- Une toute petite pépite
- Un plat plein de pâtes
- En haut la banane et en bas l'ananas
- Croque quatre crevettes crues, etc.

POUR LA PROJECTION

On place les élèves 2 par 2 et face à face avec la consigne de répéter une phrase ou un mot de plus en plus fort au fur et à mesure qu'ils s'éloignent l'un de l'autre. On veillera à leur expliquer que la voix doit partir du diaphragme et non torturer les cordes vocales. Chaque enfant peut expulser quelques « ha! » en posant sa main sur son ventre pour vérifier si son diaphragme est bien stimulé.

POUR L'INTONATION

On place 6 élèves sur la scène. Les autres observent assis dans l'espace réservé au public. On distribue un mot à chacun des 6 élèves. Ex : « Prends, donne, jamais, j'en veux pas, moi non plus, et puis zut! » L'enseignant énonce une émotion (joie, colère, tristesse, gêne, peur, méfiance, fierté, dégout, etc.) qui donnera sa couleur à chaque mot. Les 6 élèves peuvent prendre la parole tour à tour ou l'enseignant peut désigner un élève à la fois. L'idée est de jouer avec le rythme, la progression, l'exagération de l'émotion.

POUR METTRE À PROFIT TOUS CES RÉCHAUFFEMENTS

A se place sur la scène et fige un mouvement ou une émotion. Au signal de l'enseignant, il ajoute une réplique en lien avec sa posture. B vient s'ajouter au tableau en figeant un nouveau mouvement qui soit en lien avec celui de A et qui fasse avancer l'histoire. Au signal de l'enseignant, A toujours immobile, répète sa réplique de manière identique et B ajoute la sienne. L'exercice peut continuer jusqu'à ce que tous les élèves de la classe se soient positionnés et aient ajouté leur réplique. Le résultat est une photographie qui met en scène plusieurs personnages dont le mouvement semble suspendu.

POUR RÉCHAUFFER SA CRÉATIVITÉ

Placer les élèves en cercle. Tour à tour, chaque élève vient au centre du cercle et utilise un spaghetti de piscine dont il doit détourner la fonction. L'élève s'aide d'une démarche, d'une attitude, d'une gestuelle pour figurer un nouvel objet sous les traits du spaghetti.

PISTES POUR L'ÉVALUATION[1]
Exercices et pièce de théâtre

- ✓ Richesse du vocabulaire
- ✓ Créativité lexicale
- ✓ Rythme, débit et volume de la voix
- ✓ Intonation
- ✓ Écoute active
- ✓ Ajuster son écoute
- ✓ Participation
- ✓ Démarche et posture
- ✓ Refléter le sentiment perçu
- ✓ Articulation et prononciation
- ✓ Intervenir au bon moment
- ✓ Constater ses progrès et son niveau d'aisance
- ✓ Résoudre le bris de communication s'il y a lieu
- ✓ Enchaîner les idées
- ✓ Se centrer ou se recentrer sur le thème
- ✓ S'adresser à différents interlocuteurs

---

[1] Selon la Progression des apprentissages du Ministère de l'Éducation du Québec

TABLE DES MATIÈRES

Personnages	9
Mise en situation	11
Scène 1	17
Scène 2	21
Scène 3	25
Scène 4	29
Scène 5	33
Scène 6	39
Scène finale	43
ANNEXES	
Discussion philosophique	49
Lexique des expressions	51
Exercices de théâtre	55
Pistes pour l'évaluation	61

REMERCIEMENTS

Merci à Zoé, Tom, Lou, mes enfants à moi, ma toute première inspiration.

Merci aux centaines d'élèves qui colorent, chaque année, mon écriture. Cette pièce, comme toutes les autres, est née de ma rencontre avec leurs idées, leurs univers, leur fantaisie.

Merci aux enseignants de l'école Sainte Bernadette de Chicoutimi, fidèles à mon école buissonnière depuis plus de 15 ans.

Enfin, merci infiniment à Keven Girard, à qui je dois d'être là, sous vos yeux.

L'AUTEURE

Sophie Torris est québécoise d'adoption. Elle quitte le nord de la France en 1996 pour s'installer à Montréal, puis suit sa voix jusqu'à Chicoutimi. C'est là que naissent ces premiers mots dramatiques. Elle enseigne le théâtre et la littérature dans les écoles primaires, au cegep et à l'université. Elle se nourrit essentiellement de l'imagination des enfants pour écrire ses pièces de théâtre. Si les univers qu'elles invitent sur scène ont de la couleur et de la fantaisie, ses textes n'en sont pas moins intelligents et humoristiques.

Jouant sur le double sens des mots, elle offre ainsi plusieurs clés d'accès, séduisant tout autant les acteurs en herbe que leur public souvent adulte. Parallèlement à sa pratique professionnelle, elle publie des Balbutiements chroniques sur le blogue *Le chat qui louche* et participe régulièrement aux chics soirées de slam-poésie du Saguenay Lac-St-Jean.

Blogue : https://maykan.wordpress.com

DE LA MÊME AUTEURE
Chez Toge Théâtre

Tout-petits

Y'a pas de lézard, 2017

Enfants

La bibliothèque en folie, 2017
Les méchants en ont assez, 2017

D'AUTRES TITRES
Chez TOGE Théâtre

Tout-petits 4 à 7 ans

La boîte à surprise, Keven Girard
Les petits princes, Keven Girard

Enfants 8 à 12 ans

Antique Story, Keven Girard
Légendes à la source, Keven Girard
Sacré Charlemagne, Keven Girard
La bibliothèque en folie, Sophie Torris
Les méchants en ont assez, Sophie Torris

Adolescents 13 à 17 ans

En attendant le gars d'en haut, Keven Girard

Adultes 18 ans et plus

Des couteaux sur un ballon bleu, Keven Girard

Certains titres sont à venir.
Visitez notre site web !
www.togetheatre.com

EXTRAITS D'OUVRAGES POUR LES TOUT-PETITS
4 à 7 ans

TōGe
théâtre

LA BOÎTE À SURPRISE
Keven Girard

Chacun des segments se fait en équipe de quatre.

LES ENFANTS
Premier arrêt

ENFANT 11
Le salon.

LES ENFANTS
Allez, entrez !

ENFANT 11 *s'assoyant*
Au salon, on écoute la boîte à images.

Il cherche la télécommande.

ENFANT 12
On joue à cache-cache avec la télécommande.

Il se cache sous le canapé.

ENFANT 13
Un, deux, trois ...

ENFANT 12
On se réunit, le soir, en famille.

ENFANT 13
Prêt pas prêt j'y vais.

Il trouve celui caché sous le canapé. Ils courent autour du sofa.

ENFANT 14
Les enfants s'amusent, les parents se reposent.

LES QUATRE ENFANTS
Après de longues journées …

Nouvelle équipe

LES ENFANTS
Deuxième arrêt.

ENFANT 15
La cuisine.

LES ENFANTS
Allez, entrez !

ENFANT 15 se frottant le ventre avec appétit
À la cuisine, on prépare de bons petits plats.

ENFANT 16
On regarde les plats tourner dans la boîte à micro-ondes.

Il bouge la tête comme quelqu'un qui observe quelque chose qui tourne.

ENFANT 17
Au menu …

ENFANT 16
Gâteau surprise à la vanille

Un enfant chantonne un air de fête.

ENFANT 17
Avec coulis de fraises. Mmmm, des fraises …

ENFANT 18
Les enfants mangent les premiers, les parents les derniers.

LES QUATRE ENFANTS
Après de longues recettes …

La suite au
www.togetheatre.com

LES PETITS PRINCES
Keven Girard

Les trois pilotes sont très mal en point. Quelqu'un se lève alors. Les trois pilotes se tournent vers lui.

LES TROIS PILOTES
Qui es-tu ?

Le nouveau reste en silence, ne bouge pas. Se lève alors une autre personne. Les trois pilotes se tournent vers lui.

LES TROIS PILOTES
Qui es-tu ?

Le nouveau reste en silence. Même manège pour une troisième personne.

LES TROIS PILOTES
Qui es-tu ?

LE PRINCE no 1
Dessine-moi un animal.

LE PRINCE no 2
Dessine-moi une vache.

LE PRINCE no 3
Pleines de taches.

LE PRINCE no 1
Dessine-moi une animal

LE PRINCE no3
Dessine-moi un cochon.

LE PRINCE no2
Avec la queue en tire-bouchon.

LE PRINCE no3
Dessine-moi un animal.

LE PRINCE no1
Un cheval

LE PRINCE no2
Libre, qui galope dans les prés.

LES TROIS PRINCES
Dessine-moi une ferme.

PILOTE no 1
Je ne sais pas dessiner.

PILOTE no 2
Je dessine des petites boîtes.

PILOTE no 3
Des boîtes carrées.

LE PRINCE no 1
Qu'est-ce qu'il y a dans ta boîte ?

LE PRINCE no 2
Des animaux ?

LE PRINCE no 3
Dessine-moi un mouton.

Les enfants font le saute-mouton. Deux moutons se détachent à la fin et viennent parler aux trois princes.

MOUTON no1
C'est bêeeeeeete. Je ne te connais pas.

MOUTON no2
Quel bêeeeeeetise. Qui est-il ?

LES TROIS PRINCES
Nous sommes les petits princes.

La suite au
www.togetheatre.com

EXTRAITS D'OUVRAGES POUR LES ENFANTS
8 à 12 ans

ToGe
théâtre

LÉGENDES À LA SOURCE
Keven Girard

Les campeurs entrent un à la suite de l'autre. Ils jasent entre eux. Ils placent en rond autour d'un accessoire qui se veut représenter un feu de camp. La lumière est plutôt tamisée pour faire croire à la nuit.

KAZOO
Bon, assoyez-vous. Marco, s'il te plaît assied-toi. Les filles, arrêtez de papoter. Prenez place autour du feu.

JASMINE
Merci Kazoo pour cette soirée. J'aime ça les feux de camps.

MAÏKA
Ça crépite, c'est chaud, on est confortables.

NOÉMIE
Y'a comme une bonne odeur de fumée, de bûches de bois qui brûlent.

REBECCA
Et on peut se faire griller des toasts, des saucisses.

GUILLAUME *empiffrant une guimauve*
Ou une guimauve !

Les filles rient.

KAZOO
Qu'est-ce que j'ai dit ? Silence je vous prie. Ah Guillaume ! Ne mange pas toutes les guimauves, garde-z-en pour les autres.

GUILLAUME *la bouche pleine*
Ben là !

KAZOO
Bienvenue à tous à la soirée de contes et légendes du camp de vacances Pointe-Racine.

DAVE
Je n'aime pas ça les histoires.

MATHIEU
C'est bébé

FRÉDÉRIC
Ça ne fait même pas peur.

KAZOO
Tout au long de la soirée, je vais vous raconter les légendes les plus terrifiantes que je connaisse.

Tout le monde feint d'avoir peur.

TOUS *sauf Guillaume*
Ouh …

Tout le monde se tourne vers Guillaume qui n'a pas participé avec les autres.

GUILLAUME *la bouche pleine*
Ouh ...

Bianca enlève le sac de guimauves des mains de Guillaume.

BIANCA
Ça suffit, sale goinfre.

GUILLAUME
Hé ! Mes précieuses ...

La suite au
www.togetheatre.com

LA BIBLIOTHÈQUE EN FOLIE
Sophie Torris

Le décor représente une bibliothèque municipale tapissée de grands rayonnages. Un coin lecture est aménagé en avant-scène. Quelques livres se tiennent serrés les uns contre les autres devant le rayonnage du fond. Entre timidement un nouveau livre.

TABLEAU 1

LE CAMPING POUR LES NULS
Euh... Bonjour... c'est bien la bibliothèque municipale ici?

À LA DECOUVERTE DES INDES *entre deux quintes de toux*
Ah ça, jeune homme, mais referme donc cette porte! Tu verras quand tu auras mon âge : tu craindras peut-être toi aussi les courants d'air... *(Il se remet à tousser de plus belle, en se tapant sur la poitrine, ce qui a pour effet de soulever des nuages de poussière.)* Ah la la, ce n'est pas croyable... *(Il continue de tousser)*

TRAITE DE BONNES MANIERES
Mon cher voisin, je vous serais obligé de garder votre poussière pour vous! Sauf votre respect, je suis un livre de bonnes manières moi! Et je ne tiens

nullement à me transformer en un quelconque grimoire de vulgaire fond de grenier. *(Il s'arrange, se recoiffe consciencieusement).* Et puis que diraient mes lecteurs si je me mettais à me négliger? *(Interpellant Le camping pour les nuls)* Quant à vous jeune homme, vous eussiez dû, ce me semble, frapper avant d'entrer. Le bon usage eût également exigé que vous saluassiez puis que vous vous présentassiez après avoir obtenu la permission d'entrer.

LE CAMPING POUR LES NULS *bafouillant*
Euh... Bonjour!... Bonjour à tous!... Je m'excuse....

TRAITE DE BONNES MANIERES
Fi donc, l'horrible animal! Le voilà qu'il s'excuse lui-même à présent! Décidément, jeune homme, votre éducation laisse bien à désirer. Apprenez qu'on ne dit pas : « je m'excuse », car s'excuser soi-même serait à la fois prétentieux et déplacé. On dit : « je vous prie de m'excuser ». Fichtre, quelle éducation!

LE CAMPING POUR LES NULS
Je vous prie de m'excuser....mais c'est l'pââtron qui m'a dit de v'nir icitte. Il m'a acheté à la librairie cet aprem ...Enfin il m'a dit de me trouver une p'tite place dans la bibliothèque. Je m'intitule : le camping pour les nuls et...

TRAITE DE BONNES MANIERES *l'imitant*
« C'est l'pââtron qui m'a dit de v'nir icitte…l'pââtron qui m'a dit de v'nir icitte…» Diantre, mon pauvre ami, quel langage! Quelle façon vulgaire de vous exprimer! Je ne sais pas moi…Vous eussiez dû dire : « C'est monsieur notre maître qui m'a prié de venir ici…. » ou ce qui eût été à tout prendre préférable : « Je viens ici à l'invitation de notre maître. »

À la découverte des Indes qui s'est endormi depuis un moment, se met à ronfler bruyamment.

TRAITE DE BONNES MANIERES
Allons bon, voilà que ça le reprend!

La suite au
www.togetheatre.com

SACRÉ CHARLEMAGNE
Keven Girard

Charlemagne est au centre en train d'écrire. Des enfants viennent lui tirer les cheveux. Il les chasse en grognant. Arrive alors Bob, son ami.

BOB
Hé Charlemagne, qu'est-ce que tu fais ?

CHARLEMAGNE
Je suis en train d'écrire. Ça se voit non ?

BOB
Et qu'est-ce que tu écris ?

CHARLEMAGNE *sarcastique*
Des mots. Tu sais là quand on regroupe des lettres ensemble.

BOB
Arrête un peu avec tes blagues, veux-tu ? Explique-moi.

CHARLEMAGNE
Je cherche une façon de me venger de ces gamins qui n'arrêtent pas de me tirer les cheveux. Ce n'est pas parce que nous sommes dans l'Antiquité qu'ils ne verront pas de quel bois je me chauffe.

Un temps. Il se retourne vivement vers son ami, pris d'une soudaine amnésie.

CHARLEMAGNE
En passant, c'est quoi ton nom déjà ?

BOB
Bob !

CHARLEMAGNE
Bob ? Ça fait jeune comme nom.

BOB
YOLO ! C'est quoi ton idée ?

Des enfants reviennent vers Charlemagne pour lui tirer les cheveux. Charlemagne les chasse, puis revient vers Bob en s'assurant que personne n'entende, surtout pas les enfants.

CHARLEMAGNE
Je vais inventer quelque chose d'absolument terrifiant.

BOB
Un monstre, un zombie, un vampire ?

CHARLEMAGNE
Pire que ça …

BOB
Un dragon, un fantôme, une araignée géante avec dix pattes qui lance des bombes puantes en brassant des maracas ?

CHARLEMAGNE
Non !

BOB
Un clown ?

CHARLEMAGNE
Non ! Ça s'appelle ... (*il vérifie que personne n'écoute*) l'école !

BOB *apeuré*
Ouh ... ça de l'air épeurant ! C'est quoi ?

CHARLEMAGNE
En gros, c'est une bâtisse et les enfants sont obligés d'y aller tous les jours de la semaine. Puis, il y a des gens qui leur apprennent des affaires à longueur de journée.

BOB *déchantant*
Ah ! C'est ennuyant alors.

CHARLEMAGNE
Justement ! Et là je suis en train de perfectionner le concept des devoirs. Je veux que les enfants continuent d'aller à l'école même quand ils ne sont plus dans la bâtisse.

BOB
Tu es machiavélique.

CHARLEMAGNE
Je sais.

Les deux se mettent à rire comme des sorciers.

La suite au www.togetheatre.com

ANTIQUE STORY
Keven Girard

La chorale lève la main. Tout le monde se bouscule pour poser des questions.

ANIMATEUR NO 1
Toi là !

ÉLÈVE NO 1
Moi ?

ANIMATEUR NO 2
Non ! Toi là !

ÉLÈVE NO 2
Moi ?

ANIMATEUR NO 1
Toi ? Non pas toi, mais toi. Mais pas UN toit, mais toi …

ÉLÈVE NO 3
Moi ?

ANIMATEUR NO 2
Mais non, pas vous autres !

Une élève sort de nulle part.

ÉLÈVE NO 4
Moi ?

ANIMATEURS NO 1 et 2
Oui, toi !

Les autres applaudissent. L'élève vient se placer devant la table au centre.

ÉLÈVE NO 4
Le théâtre a commencé 400 ans avant Jésus-Christ.

TOUS
Fait longtemps !

ÉLÈVE NO 4
En Grèce antique.

ÉLÈVE NO 5 *dans la chorale*
C'est où la Grèce ?

ÉLÈVE NO 6 *lui répondant*
En dessous de la peau !

Les autres rient.

ÉLÈVE NO 4
Dans ce temps-là, on faisait des sacrifices. (*appelant*) Sacrifice !

Sacrifice sort de sa porte.

SACRIFICE
Moi ?

Sacrifice se couche. Les élèves tournent autour de Sacrifice.

ÉLÈVE NO 4
Dionysos, Dieu du Plaisir, accepte cette élève comme offrande.

SACRIFICE *se levant*
Ah non ! Je refuse.

Tout le monde recule, apeuré.

APEURÉ NO 1
Elle a parlé.

APEURÉ NO 2
Elle a parlé toute seule.

La suite au
www.togetheatre.com

www.ingramcontent.com/pod-product-compliance
Lightning Source LLC
Chambersburg PA
CBHW071311060426
42444CB00034B/1928

www.ingramcontent.com/pod-product-compliance
Lightning Source LLC
Chambersburg PA
CBHW061320040426
42444CB00011B/2717